Georg Schwikart

Meine erste heilige Kommunion

Erinnerungsalbum

Mit Illustrationen von
Nina Chen

Butzon & Bercker

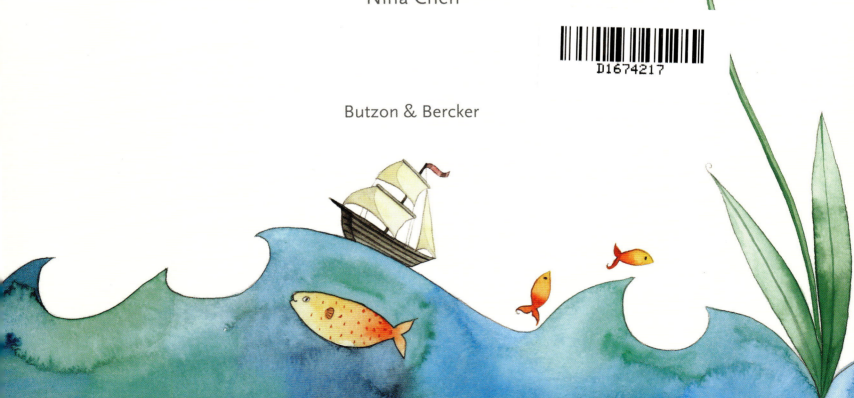

Liebes Erstkommunionkind,

du hast ein besonderes Buch für
einen besonderen Tag bekommen.
Zum Tisch des Herrn
bist du in deinem Leben immer wieder eingeladen,
doch die Erstkommunion feierst du nur einmal.
Dieses Album möchte dir helfen,
die schönen Erinnerungen festzuhalten:
Fotos von dir und deinen Gästen,
Grußworte der Eltern und Paten
und die Geschenkeliste.

Und wenn du später einmal traurig bist
und dich allein fühlst,
dann kannst du noch einmal nachschauen,
wie du an diesem Tag im Mittelpunkt gestanden hast.
Vielleicht wirst du irgendwann deinen eigenen Kindern
dieses Buch zeigen:
Was mit der Taufe begann
und in der Erstkommunion einen Höhepunkt findet,
ist Thema für ein ganzes Leben –
mit Gott unterwegs sein.

Georg Schwikart

Das bin ich

Hier ist Platz für ein Foto von dir an deinem Festtag.

So war mein Festtag

*Hier ist Platz für besonders schöne Fotos und Erinnerungen von deinem Erstkommuniontag.
Hast du eine Glückwunschkarte, die dir besonders gut gefällt?
Oder du klebst das Liedblatt des Gottesdienstes ein.*

Unterwegs sein

Unser Leben können wir mit verschiedenen Bildern beschreiben. Ein besonders anschauliches ist das einer Wanderung. Unsere Wanderung führt uns über viele Wege. Ein Weg kann gerade und eben sein. Dann macht es Spaß, auf ihm zu gehen. Die Aussicht ins weite Land ist herrlich, am Rande laden Ruhebänke zu gemütlichen Pausen ein. Ein Weg kann aber auch steil und mühsam sein, steinig und unbequem. Er kann an hässlichen Gebäuden und lauten Straßen entlang verlaufen oder durch die Wüste führen.

Manchen Weg legen wir mit anderen gemeinsam zurück, dann erscheint er uns gar nicht so anstrengend. Auf einigen Strecken aber sind wir ganz allein.

Wir sind immer unterwegs: Wir können uns nicht aussuchen, ob wir uns auf den Weg machen wollen oder nicht. An jedem neuen Morgen liegt der Tag wie ein Weg vor uns. Oft ist uns der Weg vertraut; das sind die Alltage, an denen alles seinen gewohnten Gang geht. An anderen Tagen stehen wir auf einmal vor unübersichtlichen Kurven, wissen nicht, wie es weitergeht.

Ziele verändern sich, Wege verändern sich. Manchmal müssen wir umkehren. Manchmal können wir abzweigen. Meist bleibt uns kaum etwas anderes übrig, als uns auf den jeweiligen Weg einzulassen.
Die richtigen Schuhe an, nicht zu viel Gepäck, Proviant nicht vergessen, die Kräfte gut einteilen! Wer beim Losgehen am schnellsten ist, kommt noch lange nicht am besten zum Ziel.

**Du bist unterwegs –
aber nicht allein!**
Deine Eltern sind mit dir
auf dem Weg,
deine Geschwister,
die Großeltern und
andere Verwandte.
Freundinnen und Freunde
begleiten dich,
Klassenkameraden und Lehrer,
Nachbarn und Leute aus der
Pfarrgemeinde.
Überlege einmal,
wie viele Menschen
du eigentlich kennst!

Ich mache mich auf den Weg.
Ich will die Welt erkunden.
Ich möchte sehen und hören,
riechen und schmecken,
ich möchte fühlen, was es alles gibt.

Ich mache mich auf den Weg.

Ich sage nicht:
Alles soll bleiben, wie es ist.
Man kann ohnehin nichts ändern.
So ist nun mal die Welt.

Ich mache mich auf den Weg.

Und du, Gott,
bist mir Start und Ziel zugleich.

Hier kannst du ein Bild malen: Du malst dich in die Mitte und alle, die dir wichtig sind, um dich herum. Du kannst auch ein Foto von deiner Familie einkleben.

Einer von den vielen,
mit denen du streckenweise unterwegs bist,
schenkt dir dieses Buch und wünscht dir alles Gute.

Widmung

*Gott hat auch dich erschaffen:
Du bist einmalig auf dieser Welt!*

Gott hat uns Menschen viel geschenkt:
Die Erde ist uns anvertraut.
Wir sollen sie gestalten,
lebenswert erhalten und schön machen.

Gott hat uns Verstand und Fantasie gegeben.
Dadurch können auch Menschen etwas erschaffen:
Bilder malen oder Musik komponieren,
Bücher schreiben oder Häuser bauen,
Maschinen erfinden oder sportliche Leistungen bringen.

Das Größte, was zwei Menschen
– eine Frau und ein Mann –
hervorbringen können, ist das neue Leben eines Kindes.

Vieles können Menschen schaffen –
aber das Leben selbst müssen sie sich schenken lassen.

*Hier kannst du ein Babyfoto
von dir einkleben.*

Menschen haben den Eiffelturm gebaut
und sich am Nordpol umgeschaut.
Menschen haben das Auto erfunden
und können die tiefsten Meere erkunden.
Menschen können durch Mikroskope sehn
und auf die höchsten Berge gehn.
Menschen können Herzen verpflanzen
und, wenn sie wollen, im Weltall tanzen.

Menschen haben viel erreicht,
Großes zu tun fällt ihnen leicht;
doch leider wird zu selten bedacht:
Einst hat Gott die Menschen gemacht.

Gott schenkt uns das Leben – jeden Tag neu.
Das hat er deutlich gemacht in seinem Sohn Jesus Christus.
Er ist der Weg, die Wahrheit, ja, das Leben selbst.

Wir begleiten Christus und Christus begleitet uns:
durch jeden Tag, durch das Jahr,
durch unser ganzes Leben.

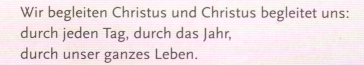

Spuren im Sand

Eines Nachts hatte ich einen Traum:
Ich ging am Meer entlang mit meinem Herrn.
Vor dem dunklen Nachthimmel erstrahlten, Streiflichtern gleich,
Bilder aus meinem Leben. Und jedes Mal sah ich zwei Fußspuren
im Sand, meine eigene und die meines Herrn.

Als das letzte Bild an meinen Augen vorübergezogen war,
blickte ich zurück. Ich erschrak, als ich entdeckte, dass an vielen
Stellen meines Lebensweges nur eine Spur zu sehen war.
Und das waren gerade die schwersten Zeiten meines Lebens.

Besorgt frage ich den Herrn:
„Herr, als ich anfing, dir nachzufolgen, da hast du mir versprochen,
auf allen Wegen bei mir zu sein. Aber jetzt entdecke ich, dass in den
schwersten Zeiten meines Lebens nur eine Spur im Sand zu sehen
ist. Warum hast du mich alleingelassen, als ich dich am meisten
brauchte?"

Da antwortete er: „Mein liebes Kind, ich liebe dich und werde
dich nie alleinlassen, erst recht nicht in Nöten und Schwierigkeiten.
Dort, wo du nur eine Spur gesehen hast, da habe ich dich getragen.

Margaret Fishback Powers

Christus begleitet dich

Von deinem bisherigen Lebensweg kennt er alle Stationen.
Die wichtigsten kannst du hier eintragen.

Ich heiße: _____

Geboren wurde ich am: _____

Geboren wurde ich in: _____

Meine Eltern heißen: _____

Meine Geschwister heißen: _____
_____

Getauft wurde ich am: _____

Die Taufkirche heißt: _____

Meine Paten sind: _____

Aufgewachsen bin ich in: _____

Mein Kindergarten hieß: _____

In die Schule gekommen bin ich am: _____

Meine Schule heißt: _____

Meine Anschrift: _____

_____

Meine Freundinnen
und Freunde heißen: _____

_____

Was ich in meiner Freizeit am liebsten mache:

_____

_____

_____

_____

Wegbegleiter sind auch die Engel

Halte Ohren und Augen auf!
Bestimmt kannst du dann Engel sehen und hören.

Und wenn du sie nicht mit den Augen sehen
und mit den Ohren hören kannst,
dann vielleicht mit deinem Herzen.

Mit dem Herzen kannst du wahrnehmen,
was deine Augen nicht sehen.
deine Ohren nicht hören,
deine Nase nicht riecht,
deine Zunge nicht schmeckt,
deine Hände nicht fühlen können …

Engel sind mitten unter uns!
Anders, als du sie dir möglicherweise vorstellst.
Vielleicht sind sie alt und gebückt
oder klein und frech.
Vielleicht haben sie eine tiefe Stimme
und kurze Stoppelhaare.
Vielleicht sprechen sie nicht unsere Sprache.

Du wirst einem Engel begegnen!
Vielleicht merkst du es nicht.
Aber das ist eigentlich egal,
denn wir vertrauen nicht allein auf Engel,
sondern auf den,
der uns die Engel schickt: auf Gott!

der engel

welcher engel wird uns sagen
daß das leben weitergeht
welcher engel wird wohl kommen
der den stein vom grabe hebt

wirst du für mich
werd ich für dich
der engel sein

welcher engel wird uns zeigen
wie das leben zu bestehn
welcher engel schenkt uns augen
die im keim die frucht schon sehn

wirst du für mich
werd ich für dich
der engel sein

welcher engel öffnet ohren
die geheimnisse verstehn
welcher engel leiht uns flügel
unsern himmel einzusehn

wirst du für mich
werd ich für dich
der engel sein

Wilhelm Willms

Am _____

habe ich mich auf einen neuen Weg gemacht:
auf den Weg zur Erstkommunion.
Ich bin nicht allein gegangen,
sondern habe mich mit anderen Kindern
auf den großen Tag vorbereitet.
Gemeinsam haben wir etwas gelernt
über das Sakrament der Eucharistie.
Wir haben dabei erfahren,
dass Glauben in der Gemeinschaft
mit anderen Christen schöner ist.

Meine Kommuniongruppe wurde geleitet von:

_____

Das ist meine Kommuniongruppe:

_____   _____
_____   _____
_____   _____
_____   _____
_____   _____

Hier kannst du die Namen deiner Weggefährten eintragen. Du darfst sie auch selber unterschreiben lassen.

*Ein Stück Weg
sind wir gegangen.
Mühsam war es,
anstrengend, ermüdend
– und schön.
Wir konnten
eine Menge lernen
und viel erfahren.
Doch wir haben
kein Ziel erreicht,
bei dem wir uns
niederlassen dürfen.
Weiter geht es nun,
anders als vorher:
Eine neue Etappe
liegt vor uns.*

Keiner kann alles – niemand kann nichts

Jeder hat seine besondere Fähigkeit!
Es gibt verschiedene Gaben,
aber alle teilt Gottes Geist aus.
Es gibt verschiedene Aufgaben,
aber immer gibt Gottes Geist den Auftrag dazu.
Es gibt verschiedene Fähigkeiten,
aber sie werden alle von Gottes Geist geschenkt.
Was der Geist Gottes
in jedem Einzelnen von uns wirkt,
das soll allen nutzen und helfen.
Einem ist es gegeben, das rechte Wort
zur rechten Zeit zu sagen,
ein anderer kann begeistert von Gott erzählen.
Einer kann durch seinen
unerschütterlichen Glauben überzeugen,
ein anderer hat die Gabe, Kranke zu heilen.
Gottes Geist lässt den einen Wunder tun,
ein anderer spricht aus,
was er von Gott erfahren hat –
was davon dann für alle gut ist,
kann wieder ein anderer unterscheiden.
Einer kann in unbekannten Sprachen reden.
Ein anderer ist fähig,
das allen anderen zu übersetzen.
Alles bewirkt ein und derselbe Geist:
der Geist Gottes.
Wie er es für richtig hält,
schenkt er jedem seine besondere Fähigkeit.

nach dem 1. Brief an die Korinther 12,4–11

Segen für die Sinne

Ich wünsch dir, dass du sehen kannst:
eine bunte Zirkuswelt,
die zarten Farben des Regenbogens,
die Augen deiner Eltern ...

Ich wünsch dir, dass du riechen kannst:
frische Apfelsinen,
Kuchen, der aus dem Ofen kommt,
Tannenduft im Advent ...

Ich wünsch dir, dass du hören kannst:
wie jemand freundlich deinen Namen sagt,
Gezwitscher der Vögel,
Musik, die dich tanzen lässt ...

Ich wünsch dir, dass du schmecken kannst:
Süßes und Saures,
die salzige Brise des Meeres,
kaltes, klares Wasser ...

Ich wünsch dir, dass du fühlen kannst:
die Hand eines Freundes,
ein warmes Bad,
Gras unter deinen Füßen ...

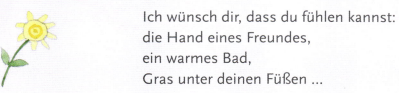

Ich wünsch dir, dass du dankbar bist
und erkennst, wie kostbar diese Gaben sind,
wie unendlich kostbar:
Geschenke des Lebens an dich,
Geschenke von dem, der die Quelle des Lebens ist.

Wer sich auf den Weg macht, sollte an Proviant denken

Im 6. Kapitel seines Evangeliums erzählt uns Johannes eine Proviantgeschichte:

Als Jesus die Augen erhob und sah, dass viel Volk zu ihm kam, sagte er zu Philippus: „Wo sollen wir Brote kaufen, damit diese zu essen haben?"
Philippus antwortete ihm: „Brote für 200 Denare reichen nicht aus, damit jeder nur ein bisschen bekommt."
Einer von seinen Jüngern, Andreas, der Bruder des Simon Petrus, sagte: „Es ist ein Junge hier, der fünf Gerstenbrote und zwei Fische hat. Aber was ist das für so viele!"
Jesus sagte: „Lasst die Menschen sich lagern." Es war viel Gras an dem Ort. Sie lagerten sich also, der Zahl nach etwa 5000 Menschen. Jesus nahm nun die Brote, sprach das Dankgebet und verteilte sie an die Lagernden, ebenso auch von den Fischen, so viel sie wollten. Als sie gesättigt waren, sagte er zu seinen Jüngern: „Sammelt die übrig gebliebenen Brocken, damit nichts verloren geht." Sie sammelten also und füllten zwölf Körbe mit Brocken von den fünf Gerstenbroten, die nach dem Essen übrig waren.
Jesus sagte zu ihnen: „Amen, amen, ich sage euch, ihr sucht mich nicht, weil ihr Zeichen gesehen habt, sondern weil ihr von den Broten gegessen habt und satt geworden seid. Müht euch nicht um die Speise, die verdirbt, sondern um die Speise, die zum ewigen Leben bleibt, die der Menschensohn euch geben wird. Denn das Brot, das Gott gibt, ist der, der vom Himmel herabsteigt und der Welt das Leben gibt."
Da baten sie: „Herr, gib uns immer dieses Brot!"
Jesus antwortete ihnen: „Ich bin das Brot des Lebens. Wer zu mir kommt, wird nie mehr hungern, und wer an mich glaubt, wird nie mehr dürsten."

Die Leute, die Jesus hören wollten, hatten vergessen, etwas zu Essen einzupacken. Ein kleiner Junge aber hatte Brot dabei – und Jesus machte damit alle satt.
Doch Jesus warnte die Menschen: „Verlasst euch nicht allein auf die irdische Nahrung. Ihre Sättigung lässt nach und der Hunger kommt wieder. Verlasst euch auf das Brot, das für immer satt macht, das Brot des Lebens. Ich bin das Brot des Lebens."

Jesus ist der Proviant auf unserem Lebensweg. In der Eucharistie teilt er sich uns aus.

Als die Stunde gekommen war, begab er sich mir den Aposteln zu Tisch. Und er sagte zu ihnen: Ich habe mich sehr danach gesehnt, vor meinem Leiden dieses Paschamahl mit euch zu essen. Denn ich sage euch: Ich werde es nicht mehr essen, bis das Mahl seine Erfüllung findet im Reich Gottes. Und er nahm den Kelch, sprach das Dankgebet und sagte: Nehmt den Wein und verteilt ihn untereinander! Denn ich sage euch: Von nun an werde ich nicht mehr von der Frucht des Weinstocks trinken, bis das Reich Gottes kommt. Und er nahm Brot, sprach das Dankgebet, brach das Brot und reichte es ihnen mit den Worten: Das ist mein Leib, der für euch hingegeben wird. Tut dies zu meinem Gedächtnis! Ebenso nahm er nach dem Mahl den Kelch und sagte: Dieser Kelch ist der Neue Bund in meinem Blut, das für euch vergossen wird.

Lukasevangelium 22,14–20

Wir wollen danken für unser Brot,
wir wollen helfen in aller Not.
Wir wollen schaffen, die Kraft gibst du.
Wir wollen lieben, Herr, hilf dazu.

Überliefert

Guter Gott, du schenkst uns,
was wir zum Leben brauchen:
unsere tägliche Nahrung, Gemeinschaft
und Liebe. Dafür danken wir dir.
Segne uns und mach uns bereit,
das zu teilen, was wir empfangen.
Amen.

Weil wir seinen Namen tragen

Gottesdienst feiern

Seit Jesus mit seinen Jüngern sein letztes Abendmahl feierte und sagte:
„Tut dies zu meinem Gedächtnis!", kommen Christen diesem Auftrag nach.
Sie lesen in den Heiligen Schriften, teilen miteinander Brot und Wein.

„Wo zwei oder drei in meinem Namen versammelt sind,
da bin ich mitten unter ihnen."
Diesem Wort vertrauend, versammeln sich Sonntag für Sonntag
Christen überall auf der Welt, um Gottesdienst zu feiern –
in der Glut der Äquatorsonne,
im ewigen Eis,
in Dörfern und Metropolen,
in Kathedralen und Blechhütten,
in Wohnzimmern, in der freien Natur,
in Sportstadien, in Krankenzimmern,
überall:
zu zweit, zu dritt, zu tausenden, heimlich oder in aller Öffentlichkeit.

Es ist *ein* Glaube,
der Christen zusammenruft,
eine Taufe, die uns eint zum Volk Gottes,
das uns über alle Grenzen
des Raumes, der Zeit, der Konfessionen
hinweg verbindet.
Wir, die wir Christi Namen tragen,
sind ein Leib, sein Leib: Leib Christi.
Das feiern wir, jeder auf seine Weise.

Man kann Gott auch
in seiner Schöpfung begegnen,
man kann auf einer Parkbank,
am Strand, in der Badewanne,
in der Straßenbahn beten;
doch dort beten wir allein.
Zur Stärkung, zur Ermunterung
brauchen wir die Gemeinschaft,
die uns trägt, die uns hilft,
unser Leben auf Gott auszurichten.

Die heilige Messe
hat eine feste Grundgestalt.
Sie soll die Einheit der Kirche
bewahren und bezeugen.
Diese Form muss mit Leben
erfüllt werden.
Unser Leben muss darin
zur Sprache kommen,
damit in unserem Leben
Gott zur Sprache kommen kann.

Gottesdienst: das ist Gottes
Dienst an uns.
Gott dient uns;
so groß ist seine Liebe,
so groß ist unser Gott.

*Hier ist Platz für ein Foto oder eine Postkarte
von deiner Kirche. Du kannst sie auch malen.*

Du kannst die Seelsorger deiner Gemeinde bitten, dir einen kurzen Gruß zu schreiben:

_____

_____

_____

_____

_____

*Es wäre schön, wenn das Siegel
der Pfarrgemeinde daruntergesetzt würde.*

Ich empfing die erste heilige Kommunion am _____

in der Kirche _____

in _____

Der Gottesdienst begann um _____

Der weitere Verlauf meines Feiertages:

_____
_____
_____
_____
_____
_____
_____
_____
_____
_____
_____

Jesus, lieber Freund

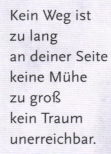

Kein Weg ist
zu lang
an deiner Seite
keine Mühe
zu groß
kein Traum
unerreichbar.

An deiner Seite
leben zu dürfen,
ist schon heute
ein Stück
Himmel
auf Erden.

Jesus, Wegbegleiter

Vom Tag der Erstkommunion an darfst du in jeder heiligen Messe die Kommunion empfangen. Das Sakrament der Eucharistie ist ein Zeichen des Glaubens. Es will dir immer wieder sagen: „Du bist nicht allein – Jesus Christus begleitet dich, die Kirche, die Gemeinschaft der Christen, ist mit dir unterwegs."

Sonntags bist du zur Feier des Abendmahls eingeladen, zum Gedächtnis des Herrn.

Aber Gott ist dir ständig nahe. Du darfst dich immer an ihn wenden. Manchmal werden dir die Worte fehlen. Dann kannst du das Gebet sprechen, das Jesus selbst seine Jünger gelehrt hat – das Vaterunser.

Vater unser im Himmel,
geheiligt werde dein Name.
Dein Reich komme.
Dein Wille geschehe,
wie im Himmel so auf Erden.
Unser tägliches Brot gib uns heute.
Und vergib uns unsere Schuld,
wie auch wir vergeben unsern Schuldigern.
Und führe uns nicht in Versuchung,
sondern erlöse uns von dem Bösen.

Denn dein ist das Reich
und die Kraft
und die Herrlichkeit
in Ewigkeit.
Amen.

Jeden Sonntag erinnert uns das Glaubensbekenntnis an den Grund unserer Hoffnung.

Ich glaube an Gott,
den Vater, den Allmächtigen,
den Schöpfer des Himmels und der Erde,
und an Jesus Christus,
seinen eingeborenen Sohn, unsern Herrn,
empfangen durch den Heiligen Geist,
geboren von der Jungfrau Maria,
gelitten unter Pontius Pilatus,
gekreuzigt, gestorben und begraben,
hinabgestiegen in das Reich des Todes,
am dritten Tage auferstanden von den Toten,
aufgefahren in den Himmel;
er sitzt zur Rechten Gottes, des allmächtigen Vaters;
von dort wird er kommen,
zu richten die Lebenden und die Toten.
Ich glaube an den Heiligen Geist,
die heilige katholische Kirche,
Gemeinschaft der Heiligen,
Vergebung der Sünden,
Auferstehung der Toten
und das ewige Leben.
Amen.

An Gott glauben ist keine Sache nur für Sonn- und Feiertage. Manchmal macht das Glauben Freude, aber manchmal verstehen wir auch nicht alles, zweifeln, könnten fast verzweifeln. Dann ist es gut, sich an andere Christen zu wenden: Durch die Taufe sind wir ja Mitglied einer großen Gemeinschaft geworden. Wie verschieden wir auch sind, uns alle verbindet der Glaube an den einen Gott.

Grußworte

Eltern:

Paten:

_____

_____

_____

_____

_____

_____

_____

_____

_____

Katechetin/Katechet:

„Lasst uns miteinander"

*Hier kannst du dein Lieblingsgeschenk
malen oder ein Foto davon einkleben.*

Tolle Geschenke bekommst du zur Erstkommunion. Sie sollen deine Freude noch mehren.
Manche Geschenke kannst du vielleicht jetzt noch gar nicht benutzen, aber du wirst dich später freuen, sie zu haben – sie werden dich noch als Erwachsenen an den Tag deiner Erstkommunion erinnern.

*Nicht mehr
richtungslos
ist unser Weg
das Ziel
zeichnet sich ab
der Weg aber
bleibt verschleiert
durch den Nebel jedoch
werden wir
den Weg finden
heimatwärts*

Die großen Feste im Kirchenjahr erinnern uns an entscheidende Stationen im Leben Jesu:
Gott wurde in Jesus Christus ein Mensch wie wir. Durch Leiden und Tod ist er zur Auferstehung gelangt und hat damit für alle Menschen das ewige Leben eröffnet.

kann denn das brot so klein

kann denn das brot so klein
für uns das leben sein
kann denn ein becher wein
für uns der himmel sein
brot das leben
wein der himmel

kann denn ein hauch so fein
für uns der antrieb sein
kann denn ein funke klein
so schnell ein feuer sein
hauch der antrieb
funke feuer

kann denn ein mensch allein
für uns die zukunft sein
kann denn ein kind so klein
für uns die rettung sein
mensch die zukunft
kind die rettung

Wilhelm Willms

Auch in deinem Leben gibt es entscheidende Stationen: Du bist in die Welt hineingeboren, erlebst frohe Stunden, aber auch Enttäuschungen. Dein Leben wird nicht immer leicht sein, aber ein großartiges Ziel erwartet dich am Ende deiner Tage. Bis dahin möge dir eine glückliche Zeit geschenkt sein.

Jesus sagt von sich selbst:
„Ich bin der gute Hirte."
Diese bildhafte Sprache meint nicht,
dass wir nur dumme Schafe sind.
Jesus will sagen:
„So fürsorglich, wie sich ein Hirte
um seine Lämmer kümmert,
so kümmere ich mich um euch!"
Der Hirte lässt die Schafe
nicht im Stich
und auch Gott lässt uns nie allein:
Gottes Kraft geht alle Wege mit!

Alfred Delp

Der Herr ist mein Hirte,
nichts wird mir fehlen.
Er lässt mich lagern auf grünen Auen
und führt mich zum Ruheplatz am Wasser.
Er stillt mein Verlangen;
er leitet mich auf rechten Pfaden,
treu seinem Namen.
Muss ich auch wandern in finsterer Schlucht,
ich fürchte kein Unheil;
denn du bist bei mir,
dein Stock und dein Stab geben mir Zuversicht.
Du deckst mir den Tisch
vor den Augen meiner Feinde.
Du salbst mein Haupt mit Öl,
du füllst mir reichlich den Becher.
Lauter Güte und Huld
werden mir folgen mein Leben lang,
und im Haus des Herrn
darf ich wohnen für lange Zeit.

Den Psalm 23 betete auch Jesus. Dieses Gebet macht Mut: Wer sich auf Gott einlässt, wird Leben in Fülle haben. Gott lässt ihn nicht allein auf seinem Weg. Und er führt ihn an ein Ziel, für das sich das Wandern lohnt: das ewige Leben.

Wir bitten Gott um Segen

Wir bitten Gott um Segen:
um Sonne und um Regen,
um Schnee und Rückenwind;
um Brot an allen Tagen;
dass wir schnell vertragen,
wenn wir einmal zerstritten sind.

Wir bitten Gott um Träume,
um Wasser und um Bäume
und um genügend Zeit:
zum Spielen und zum Lernen,
zum Schauen nach den Sternen,
um warmes Licht in Dunkelheit.

Wir bitten Gott um Segen:
auf allen unsern Wegen
um eine Hand, die hält,
um Freunde als Begleiter,
um eine Himmelsleiter
und Frieden, Frieden in der Welt.

Quellenverzeichnis

Seite 17, 18, 37, 60: Einheitsübersetzung der Heiligen Schrift.
© 1980 Katholische Bibelanstalt GmbH, Stuttgart.
Seite 21: (unten): aus: Georg Schwikart (Hg.), Materialbuch
Fastenzeit, Ostern und Pfingsten, © Matthias-Grünewald-Verlag,
Mainz, 3. Auflage 1999.
Seite 22: Originalfassung des Gedichts Footprints © 1964
Margaret Fishback Powers. Deutsche Fassung: Eva-Maria Busch.
© der deutschen Übersetzung 1996 Brunnen Verlag, Gießen.

Bibliografische Information der Deutschen Nationalbibliothek

Die Deutsche Nationalbibliothek verzeichnet diese Publikation
in der Deutschen Nationalbibliografie; detaillierte bibliografische
Daten sind im Internet über http://dnb.d-nb.de abrufbar.

Das Gesamtprogramm
von Butzon & Bercker
finden Sie im Internet
unter www.bube.de

ISBN 978-3-7666-1684-5

Überarbeitete Neuausgabe 2013
© 2008/2013 Butzon & Bercker GmbH,
Hoogeweg 71, 47623 Kevelaer, Deutschland, www.bube.de
Alle Rechte vorbehalten.
Illustrationen: Nina Chen
Satz: Elisabeth von der Heiden, Geldern